サンタとヨガ

Marcy Schaaf

Japanese

Yoga with Santa

Marcy Schaaf

サンタさんは一年で一番忙しい夜に向けて準備をしていますが、今回は何か新しいことに挑戦しています。世界中の子供たちにプレゼントを届ける前に、サンタさんとサンタクロース夫人はヨガマットを広げて、楽しいストレッチやポーズを練習します。トナカイのツイストからキャンディケインベンドまで、ヨガをすると自分がより強く、より柔軟になり、エネルギーに満ち溢れるようになることをサンタは学びます。ヨガの旅にサンタと一緒に参加して、魔法のようなクリスマスイブの冒険に備える楽しい方法を見つけましょう。

ほほほ──流しましょう！

ヨガとサンタでストレッチして、笑って、ホリデー気分を味わいましょう！

一年で最も魔法のような時期です。サンタさんはクリスマスイブの大旅行の準備で大忙しです。しかし、世界中にプレゼントを届けるのは大変な仕事です。今年のサンタさんは、まったく新しい方法で準備を整えたいと考えています。

最も忙しい夜に備えて、ヨガ、ストレッチ、体を動かすことの楽しさを発見するサンタさんに加わりましょう。サンタさんは、クラウス夫人と妖精たちの助けを借りて、少しの柔軟性、バランス、そして楽しさが、特にホリデーシーズンの喜びを広めるときには大いに役立つことを学びます。マットを広げてサンタと一緒にヨガをしましょう！

Copywrite @ 2024 Marcy Schaaf
Yoga with Santa

Santa was getting ready for his biggest night of the year.

サンタは一年で一番大事な夜に
向けて準備をしていました。

But this year, Santa felt a bit stiff from sitting all day.

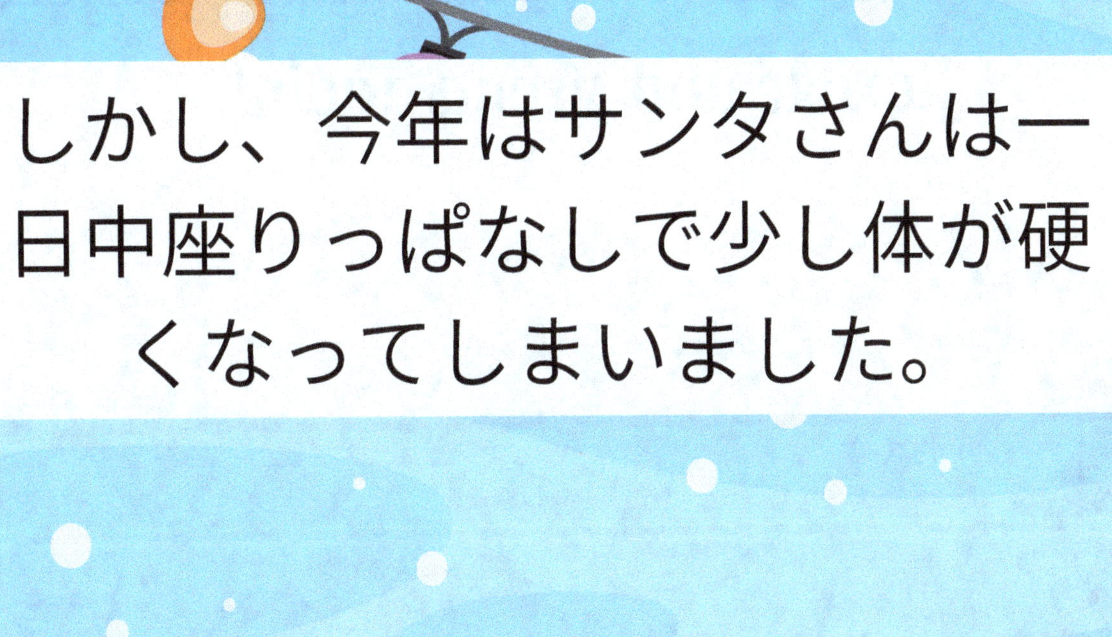

しかし、今年はサンタさんは一日中座りっぱなしで少し体が硬くなってしまいました。

Mrs. Claus said "Yoga will make you feel flexible and strong again!"

サンタさんの奥さんは「ヨガをすると、体が柔らかくなり、強くなりますよ！」と言いました。

So Santa rolled out a mat and began
with a simple stretch.

そこでサンタさんはマットを広げて、簡単なストレッチから始めました。

First, Santa reached his arms high,
stretching toward the North Star.

まず、サンタは両腕を高く伸ばし、
北極星に向かって伸びました。

Next, Santa bent down, touching his toes
like a candy cane.

次に、サンタはかがみ、キャンディケインのようにつま先に触れました。

He then twisted his waist like a pretzel.
"Feeling looser already!"

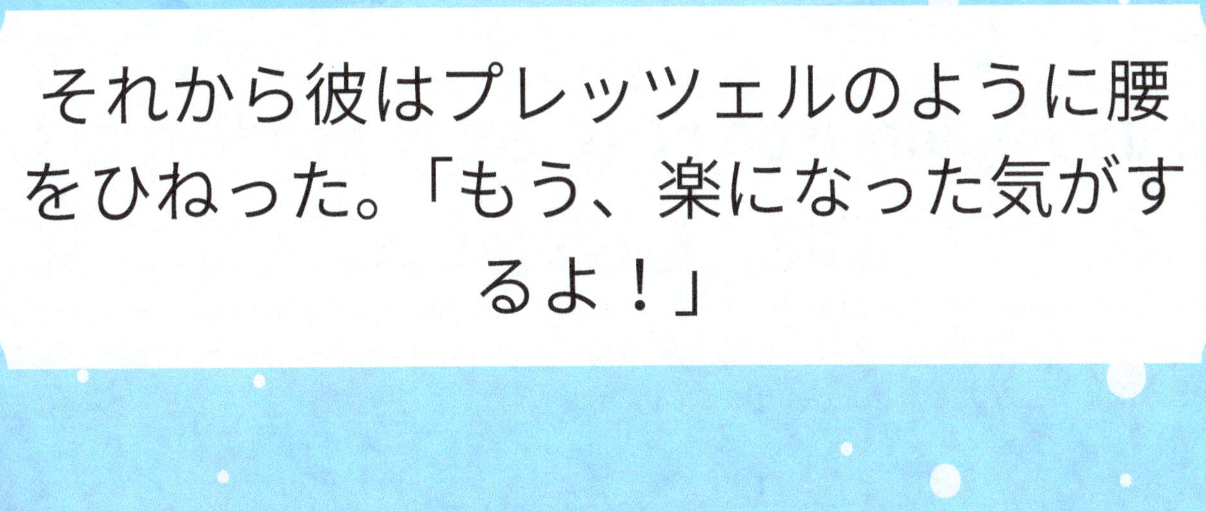

それから彼はプレッツェルのように腰をひねった。「もう、楽になった気がするよ！」

Santa balanced on one leg, pretending to be
a tall Christmas tree.

サンタは片足でバランスを取り、背の高い
クリスマスツリーのふりをしています。

"Whoa!" he said, wobbling a little, "This is harder than I thought!"

「うわあ！」彼は少しよろめきながら言いました。「思ったより難しいよ！」

Santa did the reindeer pose, crouching low and stretching his back.

サンタさんは、低くしゃがみ、背中を
伸ばしてトナカイのポーズをとった。

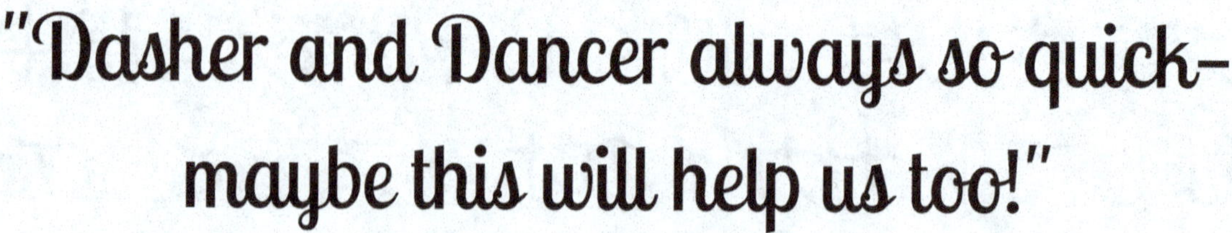

"Dasher and Dancer always so quick—
maybe this will help us too!"

「ダッシャーとダンサーはいつも素早い。
これは私たちにも役立つかもしれない！」

Prancer lifted his arms, pretending to fly like his sleigh in the night sky.

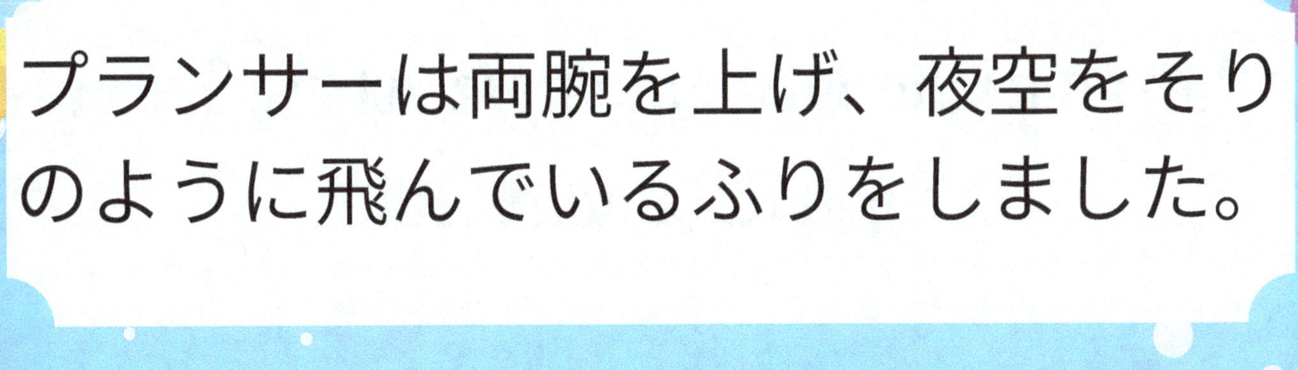

プランサーは両腕を上げ、夜空をそり
のように飛んでいるふりをしました。

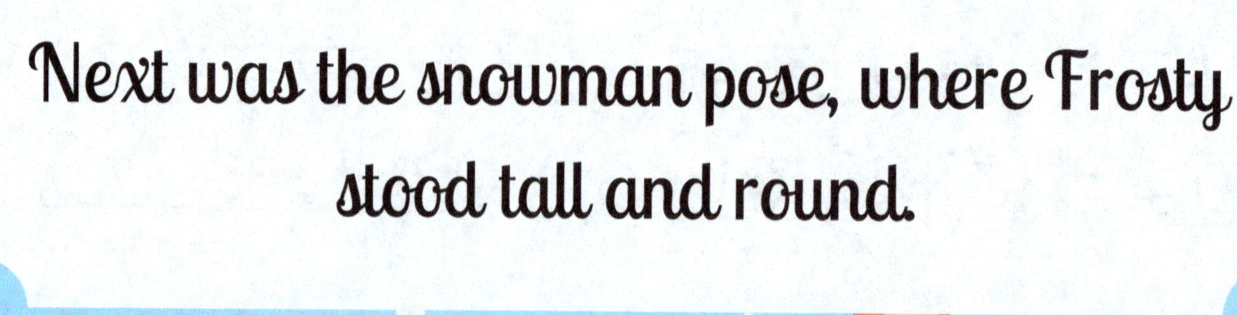
Next was the snowman pose, where Frosty
stood tall and round.

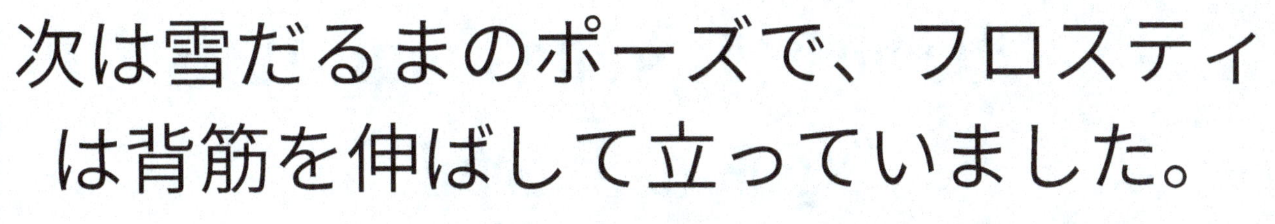

次は雪だるまのポーズで、フロスティ
は背筋を伸ばして立っていました。

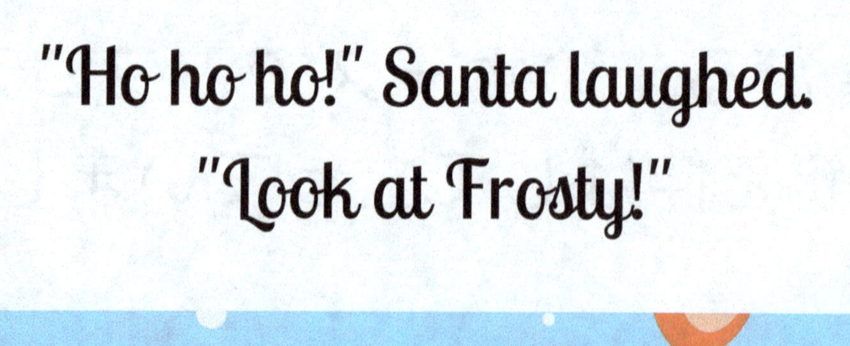

"Ho ho ho!" Santa laughed.
"Look at Frosty!"

「ホッホッホッ！」サンタさんは笑った。
「フロスティを見て！」

"I feel great!" Santa said.
"I'm ready to take on Christmas Eve!"

「気分は最高だよ！」サンタさんは言いました。
「クリスマスイブを迎える準備はできています！」

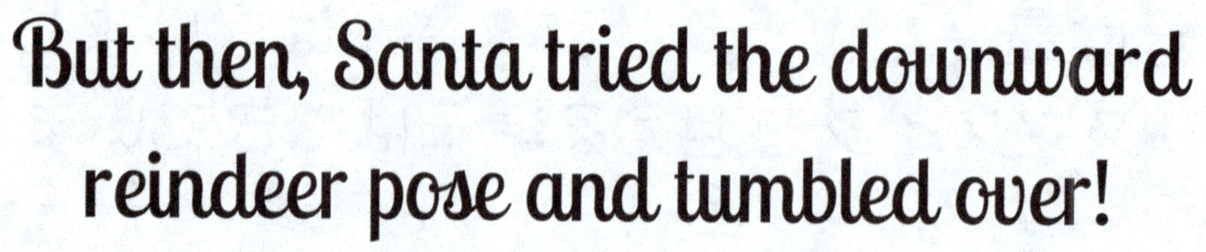

But then, Santa tried the downward reindeer pose and tumbled over!

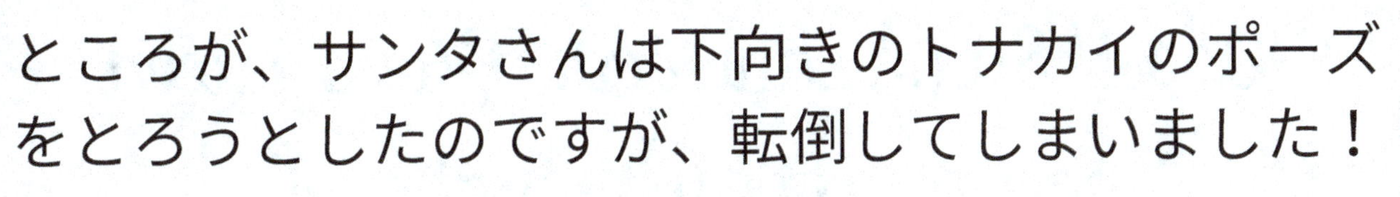

ところが、サンタさんは下向きのトナカイのポーズをとろうとしたのですが、転倒してしまいました！

"Oops!" Santa chuckled, "Guess I need more practice with that one!"

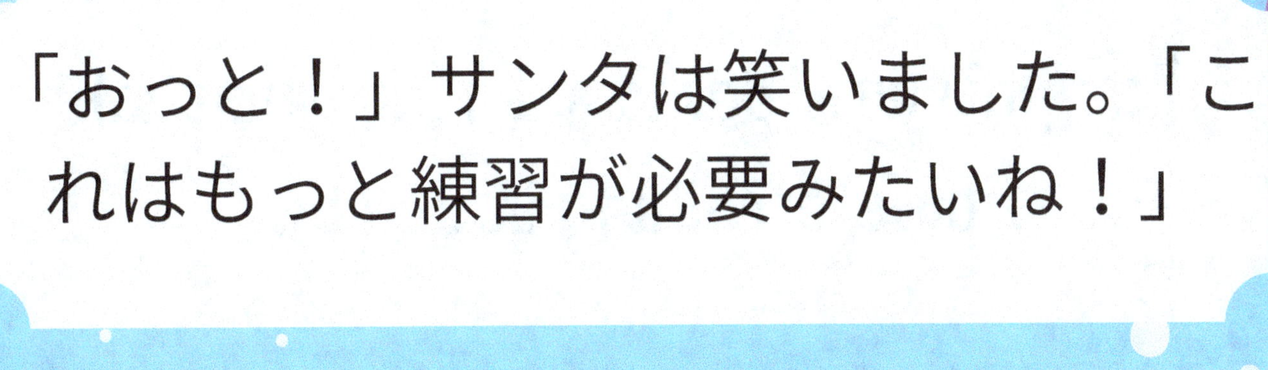
「おっと！」サンタは笑いました。「これはもっと練習が必要みたいね！」

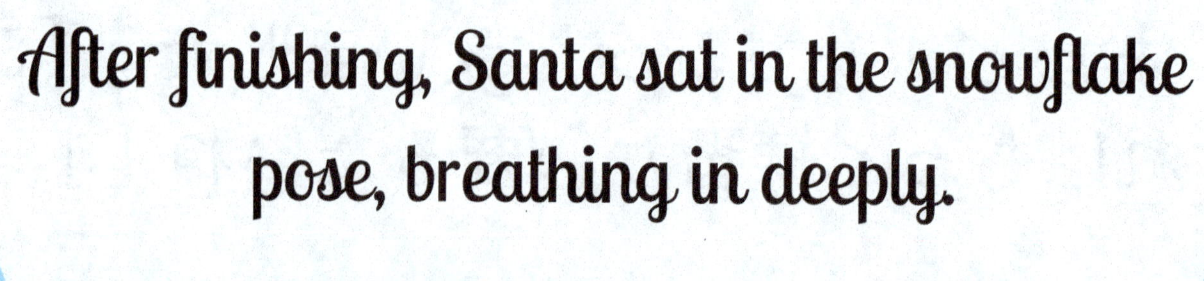

After finishing, Santa sat in the snowflake pose, breathing in deeply.

終わった後、サンタさんは雪の結晶の
ポーズで座り、深く呼吸しました。

"Yoga makes me feel calm and strong, just what I need tonight."

「ヨガをすると心が落ち着き、強くなれます。今夜はまさにそれが必要です。」

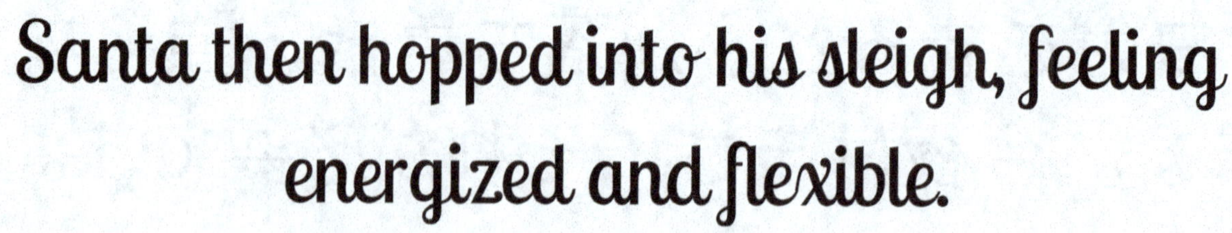

Santa then hopped into his sleigh, feeling energized and flexible.

サンタは元気と柔軟性を感じながら
そりに飛び乗りました。

The reindeer galloped through the sky,
pulling Santa and his gifts.

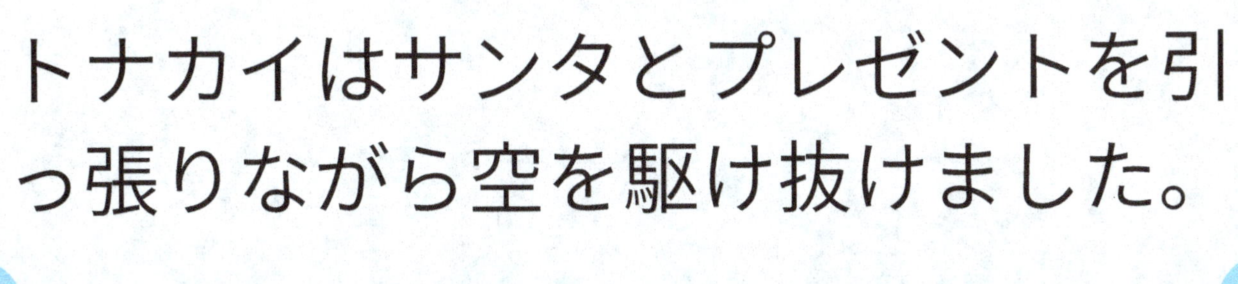

トナカイはサンタとプレゼントを引っ張りながら空を駆け抜けました。

He crouched down easily to fill stockings
and place gifts under trees.

彼は簡単にしゃがんで靴下を詰め、
木の下にプレゼントを置きました。

Even climbing chimneys seemed easier after his yoga practice!

ヨガを練習した後は煙突登りも楽に
なったようです！

"Ho ho ho!" Santa laughed. "Yoga was the perfect idea!"

「ホホホ！」サンタさんは笑いました。
「ヨガは完璧なアイデアだったよ！」

By the time Santa finished, he still had plenty of energy to spare.

サンタが仕事を終えた時、彼にはまだ十分なエネルギーが残っていました。

He returned to the North Pole and
stretched one more time.

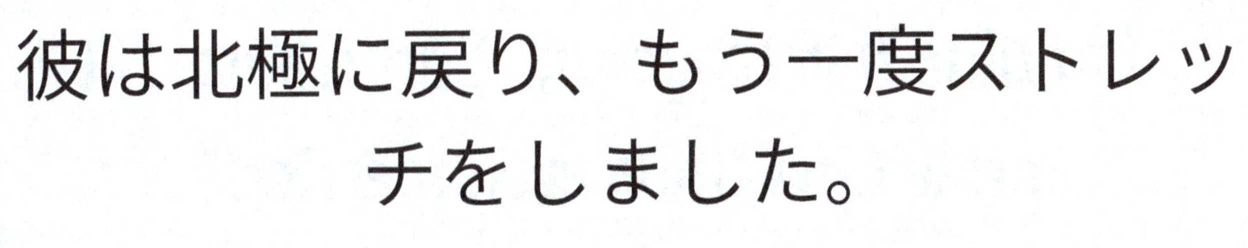
彼は北極に戻り、もう一度ストレッチをしました。

"I'm glad I tried yoga," Santa said. "It made Christmas even merrier!"

「ヨガを試してみてよかったよ」とサンタさんは言いました。「クリスマスがさらに楽しくなりました！」

"Next year, I'll teach the reindeer and elves yoga too!" Santa declared.

「来年はトナカイとエルフたちにもヨガを教えるよ！」とサンタは宣言しました。

Rudolf smiled, "A healthy
Santa makes for a happy
Christmas!"

ルドルフは微笑んで言いました。「健康なサンタがいると、クリスマスは楽しいものになりますよ！」

And from then on, Santa practiced yoga every holiday season!

それ以来、サンタさんは毎年ホリデーシーズンにヨガを練習するようになりました。

The
End

終わり

Join Our Book of the Month Club!

Looking for the perfect gift that keeps on giving? Join our Book of the Month Club! For just $30 a month, or $300 if you purchase a year upfront, you or your loved ones will receive a handpicked children's book every month, straight to your doorstep.

Here's how it works:
Choose from 15 different languages to receive bilingual books that make learning fun.
Enjoy monthly shipments of our exclusive books that inspire, teach, and entertain children of all ages.
Each month's book is carefully selected to provide a new adventure, valuable lesson, and a chance to explore cultures from around the world.
It's the perfect gift for birthdays, holidays, or just because! Whether you're nurturing a young reader or encouraging language learning, our Book of the Month Club is designed to bring joy to every bookshelf.

Exclusive Bonus: As part of your membership, you'll also receive a monthly podcast about our featured book delivered straight to your email! Listen in for behind-the-scenes insights, fun facts, and tips for making storytime even more magical.

Sign up today at www.Booksbyschaaf.com and start enjoying the gift of reading all year long!

今月のブッククラブにご参加ください!

ずっと贈り続けられる完璧なギフトをお探しですか? 弊社の Book of the Month Club にご参加ください! 月額 30 ドル、または 1 年分を前払いで購入する場合は 300 ドルで、あなたやあなたの大切な人に毎月、厳選された子供向けの本が直接ご自宅に届きます。

仕組みは次のとおりです:
15 種類の言語から選択して、楽しく学習できるバイリンガル ブックを受け取ります。
あらゆる年齢の子供たちに刺激を与え、教育し、楽しませる当社の独占書籍を毎月お届けします。
毎月の本は、新しい冒険、貴重な教訓、そして世界中の文化を探索する機会を提供するために慎重に選ばれています。
誕生日や休日、または何気ないお祝いにもぴったりのギフトです。幼い読書を育てたり、言語学習を奨励したりする場合でも、当社の Book of the Month Club は、すべての本棚に喜びをもたらすように設計されています。

限定特典: メンバーシップの一環として、特集本に関するポッドキャストを毎月メールで直接お届けします。舞台裏の洞察、楽しい事実、ストーリータイムをさらに魔法のようにするヒントをお聞きください。

今すぐ www.Booksbyschaaf.com にサインアップして、一年中読書の楽しみを楽しみましょう。

Books By Schaaf

www.BookBySchaaf.com

Find us at: